テニス&ソフトテニス

奇跡の新打法

スローイングフラットドライブ打法

吉田 洋一

東京図書出版

目　次

序　章

皆　様　へ

　私は手に持つ用具などを使う運動について、「自分の意思で思うようにできること」を目指し、長年の実践を通し研究した理論をテニス＆ソフトテニス競技に応用しました。

　その理論の概略は次のとおりです。

　身体の一部又は全部に用具や道具を装い運動するためには、装う前の生身の身体と同様の動きが可能な用具や道具、そして運動技法が必須です。すなわち運動する者に合った用具や道具が必要です。そして運動する者に合った技法が必要であるということです。

　テニス＆ソフトテニスは手にラケットを持ってボールを打つ競技です。用具はラケットとボールです。ラケットでボールを打つことが技法です。

　これを前述の理論に基づきテニス＆ソフトテニス競技に応用しました。応用した結果、運動技法については、次のことが重要であることがわかりました。

- どんな運動であっても自分の意思で思い通りにプレーするためには、生身の身体と同様の動きができること、又はできるような方策を用いる。
- ラケット競技においては、素手感覚でボールを打つ。
- 素手感覚で行うラケットの握り方がある。

　このことから、素手感覚の打法を開発しました。また、用具であるラケットやストリングスについて次のことが重要であることがわかりました。

- プレーヤーの意思を伝える接点は、素手とラケットグリップであること。
- 意思伝達には運動力学において、グリップの形状及び大きさが重要であること。
- ラケットの重さが重要であること。
- ラケットの素材や形状等が重要であること。
- ボールを受け止めるストリングスの素材や形状等が重要であること。

　以上から、掴み投げ（キャッチ＆スローイング）技法を研究開発しました。この掴み投げ技法から、本書で述べるテニス＆ソフトテニス競技に共通したスローイングフラットドライブ打法を発表します。この新しい打法を開発した最大の理由は、従来の型に合わせる打法ではなく、誰でももっと簡単に正確にボールが打てることや身体に優しい打ち方などができるからです。

　このことから、それぞれのプレーヤーに適合した打法が完成したのです。この打法はプレーヤーの個性を引き出すものです。特に初めてテニスやソフトテニスをする小、中学生や高校生に、そして初心者の方にお勧めする打法です。また、従来の打法でどうしても上手く

ならないと悩んでいる方もいらっしゃると思います。上手くならないのは自分のせいだと思っているでしょうが、実はそうではありません。一つの型に縛りつけているその打法が、あなたに合わないだけのことです。人はそれぞれ違う個性や身体をもった個体です。型に合わせるのではなく、自分に合った打法でプレーをすることで、もっとテニスやソフトテニスを自信に満ちて楽しくできるのです。そして、この打法は一般の背丈や身体の大きくないプレーヤーであっても、全身を使う打法と、これを最大限発揮させるラケットやストリングスによって、身体の大きいプレーヤーと対等にプレーすることが期待できるのです。なお、シニアの方にも全身運動という健康に則した打法になっています。

コラムⅠ　人間性人間工学的打法

　ボールを打つのは難しいとジュニアや初心者の方からよく聞くことがあります。また、指導者の中にはジュニアや初心者にテニスを教えるのは難しいという方がいます。何故なんだろうと考えるときに、一つの要因として、難しい打ち方を教えていることやラケットの握り方に起因するものが大半である気がします。指導者によっては、自分の型をごり押ししている例や、木製ラケット時代のボールの打ち方やラケットの握り方、そして試合方法を教えているようです。キッズやジュニア、そして初心者、シニアまで幅広く愛好してしただけるためには、人間がもっと扱いやすい、また簡単にボールが打てる打ち方が求められるのです。このスローイングフラットドライブ打法は、これを解決するものです。また、それぞれのプレーヤーに合った打法です。

【自分の意思で思うようにできること】

JSTC盛岡：活動風景

☑ 打法理論の特性

本書は、「フラット面による順回転のメカニズム」及び「フラット面による順回転の人的動作」理論における新打法スローイングフラットドライブ打法入門の解説書です。

新打法には、次の特性があります。

1　球体とラケットを使った共通の打法を確立

従来、テニス競技にはテニス競技独自の打法があり、また、ソフトテニス競技にはソフトテニス競技独自の打法がありますが、どちらもボールとラケットを使用する競技であることには共通性があります。つまり、いろいろなボールやラケットでも共通して打てる打法を確立しました。

2　フラット面でドライブ（順回転）する

この理論から掴み投げ（キャッチ＆スローイング）技法を開発し、ラケットをフラット面で打ってみると、ボールはドライブ（順回転）しました。画期的でした。驚嘆しました。思いどおりにボールがドライブしていくのです。それも、左右や高低や長短や緩急にして正確に、そしてバウンド後は鋭く重厚に弾んでいくのです。

3　正確に簡単に身体に優しく安定して

今までのテニス競技やソフトテニス競技の打法では、ボールを順回転させるためには、ボールをラケット面で擦るとか、被せる打ち方が通説でした。この打ち方では、ボールを安定して正確に簡単に打つことは容易ではありませんでした。そして、手打ちになりやすい打ち方で、テニス肘など身体の一部に負担がかかり、全身の力を使えないものでした。この理論から、身体に優しく、安定して正確に、簡単にボールが打てる打法が開発されました。

4　素手感覚で打つことができる

この打法は素手でボールを打っている感覚が十二分に発揮できます。すなわち、ボールを素手で掴んで投げる感覚が体現されます。これはラケットでボールを打つという発想ではなく、また、ボールを打つ前にラケットのグリップをどのように握るか、あるいはどう構えるかというような考えをしなくてもいいという型の自在さが発揮されます。つまり、ラケットを素手に見立てることができる打法です。

5　握り方は手のひらの向きと同様

手のひらの向きと同様にラケットグリップを握ると素手感覚が体現されます。つまり、ラケット面と手のひらの向きが同様になるセミ・ウェスタングリップが素手感覚になります。イースタングリップやコンチネンタルグリップ、人差し指を伸ばした握り方では、素手感覚は体現できません。

6　ボールを掴み投げる意識

　ボールを素手感覚で打つことができると、ボールを掴んで投げる意識が体得されます。すなわち、ボールを捕らえる意識と打つ方向性を確実に正確に発揮できます。

7　全身の運動を使って打つことができる

　素手感覚と掴み投げる意識をもてると全身の運動でボールを打つことができます。全身の運動とは身体の局所に負荷をかけない、全身に均等な力を配分して運動ができるという特性があります。つまり、バランスや効率の良い打ち方や安定した打ち方ができます。また、ジュニアやシニアはもちろん一般の方についても身体に優しい打ち方ができます。

　もう一つの利点は、全身の力を利用してパワフルにボールを打つことができます。つまり、従来のように腕の力だけで打つのではなく、全身を使ってよりパワフルに、そして安定して正確に打つことができるのです。

8　正確に打つことができる

　前述のように、全身運動で素手感覚にラケットを使うと、ボールを安定して打つことができます。安定してボールを打つことができると正確に打つことができます。例えば、腕だけでボールを投げた場合と全身でボールを投げた場合では、全身で投げた場合の方が、安定して正確にボールを投げられます。

　このように、正確にボールを打てるようになると、オープンスペースやデッドゾーン又は相手の弱点にボールを打てるようになるということにつながります。自己達成力がより身に付きます。

9　動いて打つことができる

　全身の運動でボールが打てるということは、動いてボールを打つことを可能にしました。つまり、素手感覚でボールを掴み投げることにより、動いてボールを打つことが可能になりました。

10　緩急、長短、縦横、高低など自在に打てる

　全身運動で素手感覚にラケットを使うと、ボールを自在に操れるようになります。つまり、ボールを鋭く緩く、ボールを長く短く、ボールを横や縦に、ボールを高く低くなど自在に打つことができます。

11　順回転が鋭くなる

　全身運動で素手感覚にラケットを使うと、打ったボールが鋭く順回転します。サービスラインより内側でボールを思いっきり打っても、ボールは順回転しながら相手コートに突き刺さります。今までできなかったことが、いとも簡単にできるようになりました。

12　自分自身の型で打てる

　全身運動で素手感覚にラケットを使うと、自在なスタンスで、自在にボールを打つことが

できます。従来の打ち方は一つのスタンスに一つの打ち方で一方向という、値にすると１％の型打法が主流です。この打ち方では相手にボールの方向を見抜かれたり、ポーチされたり、先手をとられたりという弱点があります。しかし、この新打法は自在なスタンスで自在な打ち方で全方向へボールが打てるという無限の型の打法です。

13　ラケットを自在に操って打てる

　全身運動で素手感覚にラケットを使うと、自在にラケットを操ってボールを全方向へ打つことができます。つまり、素手のようにラケットを自由自在に使ってボールを打つことができます。

14　バックハンドが容易に打てる

　全身運動で素手感覚にラケットを使うと、シングルハンドでバックハンドが容易に打てます。テニス競技では両手でのバックハンドが主流ですが、これからはシングルハンドで容易に打てるようになります。攻めのバックハンドが実現します。今まで苦手であったバックハンドストロークが容易になる画期的な打法です。

15　ライジングが容易に打てる

　全身運動で素手感覚にラケットを使うと、ライジングでボールを打つことができます。テニス競技では、今までレシーブの時はベースラインよりも外側で構えていましたが、ベースラインの内側で容易にレシーブできる画期的な打ち方になります。レシーブゲームでポイントを容易に取れる画期的な打法です。

16　人間工学的打法

　この打法はラケットを素手感覚で操り、ボールを打つことができる画期的な打法です。今までのようにグリップの握りをいちいち変えてボールを打たなくてもよい打法です。つまり、ラケットをボールに当てる意識や動作ではなく、ラケットを素手に見立ててボールを掴み投げる意識と動作から打てるのです。要するに生身の身体でボールを打てるという人間工学に基づいた打法です。

第1章

スローイングフラットドライブ打法の解説

1 打法の特性

　スローイングフラットドライブ打法は、フラット面による順回転のメカニズム＆人的動作理論から誕生した打法です。ラケット面にボールをフラットに当てて、ボールをラケットで送り（押し）続けて打つ打法です。

　ただし、このまま打ってもボールはほとんど落下しません（図1-1）。

　ボールを落下させるためには、**掴み投げ（キャッチ＆スローイング）技法**を加えなければなりません。

　掴み投げ（キャッチ＆スローイング）技法とは、ボールを掴み投げる動作という意味です。ボールを掴み投げる動作技法を加えることでボールは思いどおりに落下します（図1-2）。

　思いどおりに落下するとは、ボールを打つ長短の長さや高低の高さや運動の強弱の強さ（図1-3）、それに領域の幅（図1-4）の全てに対応することができます。

　また、ボールの放物線の屈曲は、目標地点で急激に下降します（図1-5）。

　ボールのバウンドについても強さを増して鋭くかつ速さを増していきます（図1-6）。

写真1-1　バックハンドスローイングフラットドライブ打法

写真1-2　フォアハンドスローイングフラットドライブ打法

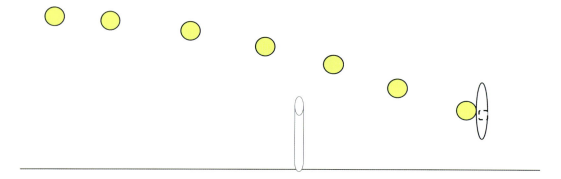

図1-1　フラット打法
ボールはほとんど落下しません。

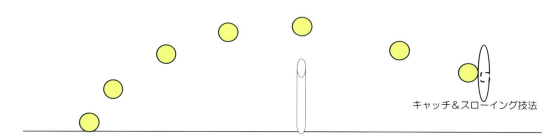

キャッチ＆スローイング技法

図1-2　スローイングフラットドライブ打法
ボールが鋭く落下します。

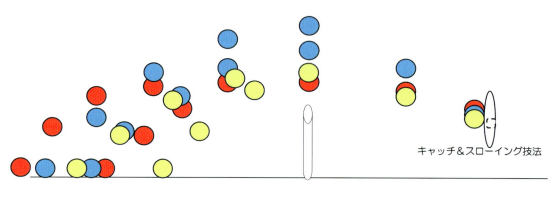

キャッチ＆スローイング技法

長さ　高さ　強さ

図1-3　長短・高低・強弱

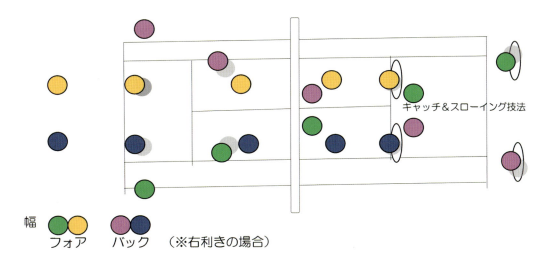

幅
フォア　バック　（※右利きの場合）

図1-4　領域
広範囲に打つことができます。デッドゾーンがインゾーンに変わります。

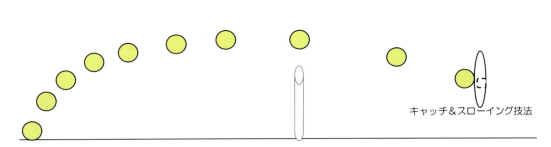

図1-5　急下降
目標地点で鋭く落下します。

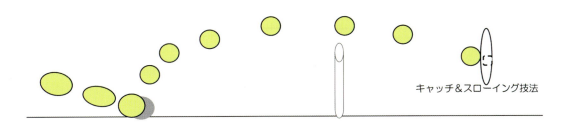

図1-6　鋭く落下する・強さが増す・速さが増す

2　基本打法

　スローイングフラットドライブ打法は、どの図を見てもラケット面はフラットな面になっている特性があります。

⑴　基本１　サンライズ打法（陽昇打法）

※アンダーストロークです。

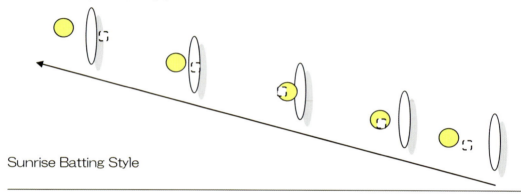

Sunrise Batting Style

🟢 フォアハンド

● バックハンド

⑵　基本２　サンシャイン打法（陽光打法）

※サイドストロークです。

Sunshine Batting Style

● フォアハンド

● バックハンド

⑶　基本３　サンセット打法（陽降打法）

※トップストロークです。

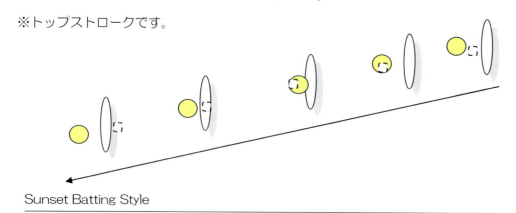

Sunset Batting Style

● フォアハンド

● バックハンド

（イラスト：nanako）

コラムⅡ　打ち方や試合方法の革新を

　技術革新により毎年ラケットの素材が軽量化や強度化、弾力性が増すなどし、よりプレーヤーに合ったものが出回っています。また、国際化を推進するためにソフトテニス競技では国際ルールを定めました。しかし、日本の指導者の打法は未だに木製ラケット当時の打法であるようで、試合方法においてもしかりです。よく見ると、諸外国のプレーヤーと日本のプレーヤーとは違う打ち方をしているようです。何故でしょうか。どうやら昔の打ち方や試合方法の保身から脱却できないでいるようです。どんなスポーツであれ、マテリアルの革新はそれらの方法の革新を促し実践されています。木製ラケットや旧ルール打法、試合方法からの脱却が望まれます。

3　グリップの握り方

● ラケットの握り方

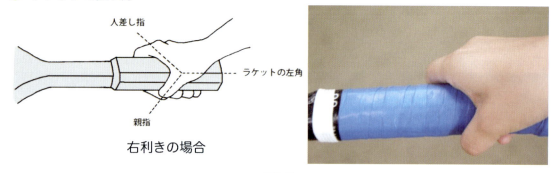

図1-7

ラケットグリップの握り方を説明します。

ラケットのボールを打つ面を下にして地面に置きます。グリップの平らな面ができます。

右利きの方は、平らな面の左側の角の線上に親指と人指し指の交わる線を重ねて合わせます（図1-7参照）。ここがポイントです。ジュニアであっても大人であっても共通の握り方です。

テニスでは、セミ・ウェスタングリップと称する位置です。なぜ、そうなのかというと、ラケット面と手のひらが同じ向きになっていることが、素手感覚でボールを打つことになるからなのです。

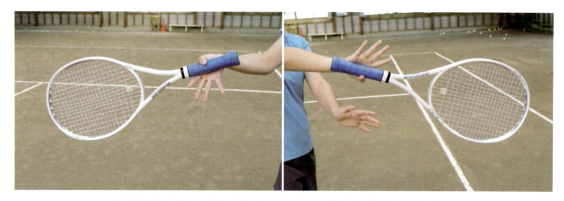

写真1-3　手のひらとラケット面が同じ向きになるように握る

次に、親指と人差し指をリング（輪）にするようにグリップを握ります。ジュニアは手が小さいので難しいと思いますが、必ずリングにしてください（図1-7及び写真1-3参照）。

ただし、人差し指を伸ばしているような握り方はしないようにしてください。このような握り方では打法の効果はありません。また、イースタングリップやコンチネンタルグリップなどでも打法の効果はありません。

　ラケットは正八角形状のグリップが最適です。掴み投げ（キャッチ＆スローイング）技法は別名素手感覚技法といいます。ラケットとプレーヤーの接点はラケットグリップです。つまり、プレーヤーの意思はラケットを握っているグリップを通してラケットに伝わります。プレーヤー自身の意思を100％伝えられるグリップ形状はどのようなものが良いのでしょうか？　この技法では1mmでも扁平なグリップではスローイングフラットドライブ打法の効果が発揮されません。なぜなら、素手、特に手のひらは非常に繊細であり、かつ精巧だからです。手のひらでグリップする時に、少しでも違和感があれば効果の発揮が望めないのです。

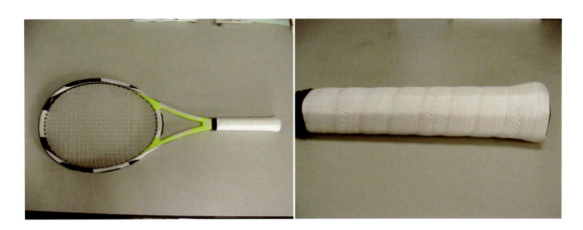

　JSTC盛岡では、正八角形状のラケットグリップを用いています。本書のモデル2人のラケットは正八角形状です。現在は試作の段階であり、普及のためにはラケットメーカーさんの参画や協力が必要です。

　手のひらで握るということはどういうことかおわかりでしょうか？　また、人間が、プレーヤーが最大のパフォーマンスを発揮するということはどういうことかおわかりでしょうか？　上の写真は親指と人差し指をリングにしたときのものです。丸や円、輪に見えると思います。そうです。その通りなのです。五指で握ると手のひらは円柱のリングになるのです。
　同じような円柱グリップのスポーツは、他に何があるでしょうか。ゴルフクラブや野球のバット、鉄棒、ウエイトリフティング、やり投げなどがあります。どのスポーツも全身運動です。つまり、円柱に一番類似する形状が正八角形状のグリップなのです。また、手のひらといってもキッズやジュニアと大人では大きさが違います。大人でも大小様々です。という

ことは、それぞれに合った正八角形状のグリップサイズがあってこそ、最大のパフォーマンスが発揮されるということになります。

　写真1-4を見てください。扁平のラケットグリップをセミ・ウェスタンで握っています。

　扁平のラケットグリップをセミ・ウェスタンで握るとすると、グリップの幅の長い方をボールの打つ面にするように握らなければなりません。つまり、長方形の角材の一辺の長い方を掴んでいることになります。これでは素手のパフォーマンスは期待できません。つまり、スローイングフラットドライブ打法でなくても、ボールを打つことが難しくなります。

　日本人や手のあまり大きくないプレーヤーの方が、何でボールが上手く打てないのだろう？　と悩む原因はここにあります。

写真1-4

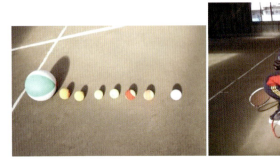

いろんなボールやラケットを使って活動しています　　　　　JSTC盛岡

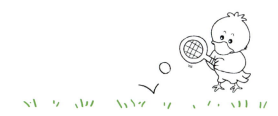

コラムⅢ　新打法に適合した「正八角形状グリップ」ラケット

　スローイングフラットドライブ打法は全身運動による打法です。全身運動の中でボールを掴み投げる動作で打ちます。ラケットを鞭（むち）のようにスイングするように打つわけです。このように振り抜いて打つためには、ラケットグリップの握り方が大切です。握り方はラケットを安定的に握ることができ、かつ身体の力や動作がラケットに均等にバランス良く伝わるものでなければなりません。そのためには素手感覚でボールを打てることが必須です。素手感覚で打つためには握りに違和感があってはいけません。素手はセンサーです。自身の意思を最大限表現させるところが素手です。そのためには、素手に違和感がなくラケットをホールドできる正八角形状のラケットグリップが重要であり、必需品になります。

　もう一つ、正八角形状でなければならない重要な点があります。それは、握っている素手を支点として、ラケットを鞭のように振り抜き、ボールの順回転を増していくことです。そのためには、テニスボールやソフトテニスボールの質量を掴み投げられるラケットやストリングスの開発が早急に望まれるのです。

第2章

掴み投げ（キャッチ＆スローイング）技法

1 技法の理論

⑴ 人間工学に基づいた技法

　人間が可能な限り自然な動きで使えるように、また効率よく動けるように設計し活かす方法をボールとラケットを使用するスポーツ競技に採り入れました。

　長年のジュニア指導を通して実践研究し、ボールとラケットを使用するスポーツ競技の技法を理論付けました。その概要を述べます。

　身体の一部又は全部に用具や道具を装い運動するためには、装う前の生身の身体と同様の心身の動きが可能な用具や道具、そして運動技法が必要です。つまり、運動する者の心身に合った用具や道具、そして技法をもってボールとラケットを使用するスポーツ競技に適応することがプレーヤーのパフォーマンスを最大限発揮させることがわかりました。

　打法の技法については、プレーヤーの生身の身体の運動が最大のパフォーマンスです。すなわち、一つ目は素手を起点にして全身でボールを扱うことが最大のパフォーマンスであること。二つ目は、生身の身体で最大のパフォーマンスを発揮させるためには、ボールを掴んで投げる動作が最適であること。三つ目は、掴み投げを連結させる機能がボールを自在に操ることができること。四つ目は、素手をラケットに見立てること。五つ目は、ラケットに最大のパフォーマンスを伝えるところ、すなわちグリップについてはその握り方や形状が重要であること。六つ目は、それぞれのプレーヤーに合ったラケットやストリングスがあること。七つ目は、このような技法の打法は全身運動であり、身体の一部だけに負荷のかかる打ち方ではない身体に優しい打ち方であること。

　この理論から人間の身体的、認知的、精神的な特性である人間工学に基づいた技法が誕生しました。

　※この理論のポイントを1997〜1998年に機関誌『ソフトテニスマガジン』（11月号から連続3回掲載）に発表しました。

⑵ 人間の意思に基づいた無限の技法

　この技法の開発は、プレーヤーが自分の意思で自分の能力に応じて自由自在に、正確にボールを打てる方法がないだろうかという疑問から始まりました。あったのです。プレーヤーにはもともと「自分の意思で自分の能力に応じた」ものがあります。これにプレーヤーが「自由自在に正確に」ボールを打つための技法を備えることでした。

　従来からの打法は「型」による打法で、この型がそれぞれ教える側によりアレンジされ、

その一つの型にはめることのみの指導など、教える側の都合による打法であり、プレーヤーが自由自在に正確にボールを打つための打法とはとても思えないものが大半です。

　この従来からの型がプレーヤー自身の意思でボールを打てない要因であることを長年の研究によりつきとめました。つまり、型はそれぞれ教える側に一つだけあるのではなく、プレーヤーごとにそれぞれ無限にあるのです。これが前項の人間工学に基づいた技法です。

　この技法は次の特性があります。ボールを正確に打つことができる、ボールを自由自在に操ることができる、ボールの弧を自在につくることができる、ボールを動いて打つことができる、ボールを全身で打つことができる、ボールを自在に落下させることができる、ボールの威力を増して打つことができる、プレーヤーの力量や能力に応じて打つことができる、フォワード戦法が容易にできる、バックハンドストロークが容易にできる、攻守の範囲が広くできる、などボールを打つ方法はそのプレーヤーごとに無限にあります。この無限の打法の在り方が、人間の意思に基づいたボールとラケットを使用するスポーツ競技の技法です。

⑶　人間工学に基づいた用具

　前述「⑴　人間工学に基づいた技法」の中で既に述べましたが、ラケットグリップは、ラケットにプレーヤーの心身の最大のパフォーマンスを伝えるところであることから、その繊細な伝達を司るために最適なグリップ形状があることがわかりました。また、ラケット本体やストリングスにおいてもプレーヤーの最大のパフォーマンスを伝導し表現するものが必要であることから、人間工学に基づいた用具が最適であることがわかりました。

2　技　法

　前述の技法理論は、プレーヤーの生身の身体の運動が最大のパフォーマンスであるということです。すなわち、素手を起点にして全身でボールを扱うことが最大のパフォーマンスであるということです。生身の身体で最大のパフォーマンスを発揮させるためには、ボールを掴んで投げる動作が最適であることや、掴み投げを連結させる機能がボールを自在に操ることができることです。素手をラケットに見立てることや全身運動であることを説明しました。次に、具体的に技法を解説します。

⑴　掴む

ア　100％

　図2-1の女の子のイラストを見てください。手がたくさんあります。ボールがどの方向からきてもボールを掴むことができます。まるで千手観音の手のようです。つまり、確率100％でボールを掴むことができるのです。すなわち、手をラケットに置き換えるとどの方向からでも空振りしないでボールを打てるのです。

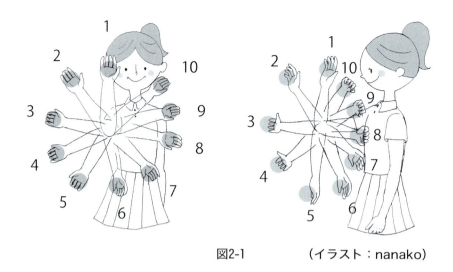

図2-1　　　（イラスト：nanako）

🟢 **100％の確率**

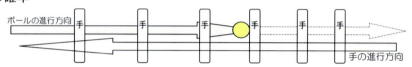

　ボールの軌道上に手があります。手がどの位置でもボールを掴めるということです。

🟢 **1％の確率**

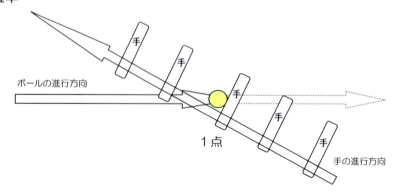

　100％以外の場合は、ボールの軌道上で掴める位置は1点、すなわち1％になるのです。とても難しくボールを掴める動作ではありません。

　また、このような動作でラケットを振ってもボールは当たりません。

イ　多手多面

　もう一度、図2-1の女の子のイラストを見てください。千手観音のように手の向きをいろいろ変えてボールを掴んでいます。これがラケットであればどうでしょうか。手のひらであれ手の甲であれ、ラケットの面は手でボールを掴むのと同じだけたくさんの面ができます。手の甲で掴めないではないかと疑問をもつ方もいると思いますが、五指を器用に使うと掴め

るようになるのです。

ウ　多角

※全て真上から見た図です。

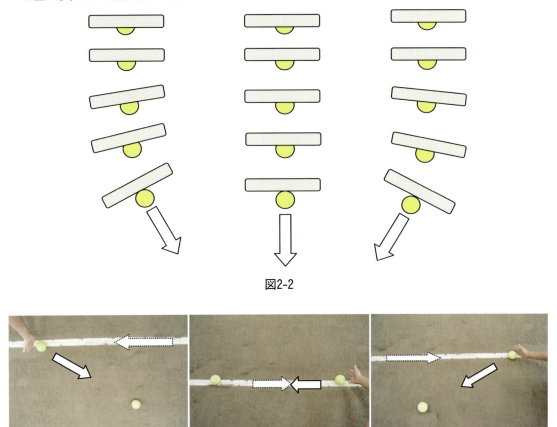

図2-2

写真2-1

　図2-2と写真2-1を見てください。ボールを手で掴むところを上からみた図と写真です。全てボールを掴んでいますが、掴んでいる手の角度がいろいろあります。おわかりでしょうか。これが次に解説するボールを投げる方向になります。すなわち、これがラケットであれば、ボールの打つ方向になります。ラケットであれば、写真2-2のイメージになります。

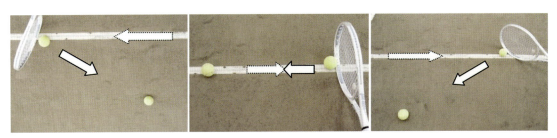

写真2-2

エ　順回転（ドライブ）

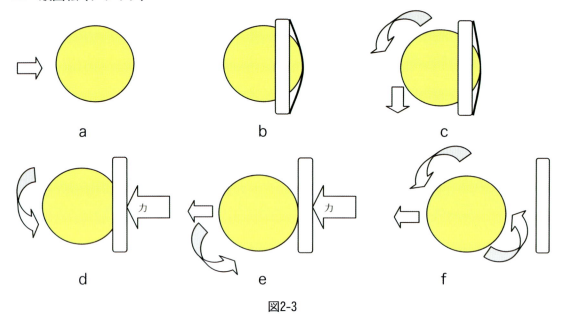

図2-3

　　第6章の「フラット面による順回転のメカニズム」に掲載している図で解説します。ボールはフラット面のストリングス上で掴まえられています（ｂからｅ）。

　　この掴む動作が順回転（ドライブ）を発生させるのです（※詳細は第6章参照）。

⑵　投げる

素手のテニスです。
ボールを掴んで投げましょう。

図2-4　　　　　（イラスト：nanako）

ア　正確性

　図2-4を見てください。女の子がコーチとキャッチボールをしています。

　ボールを素手で投げています。素手であればボールをねらったところへ投げられます。

　つまり正確にボールを投げられるということになります。これがラケットであればどうでしょうか。素手と同じようにボールを正確に打つことができます。

　次に図2-5を見てください。ボールがどこの位置や高さにあっても正確に投げられるということです。このイラストは先ほど「⑴　掴む」で紹介したイラストです。おわかりでしょうか。ボールがどこからきても「掴み」「投げる」ことができることを実証しているものです。これは生身の身体の素手でボールを「掴み」「投げる」動作をしているのです。これをボールとラケットを使用するスポーツ競技に置き換えればいいのです。すなわち、ボールを素手に見立ててラケットで自在に正確に打つことができるのです。

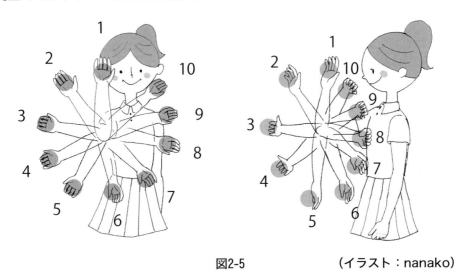

図2-5　　　　　　　　（イラスト：nanako）

イ　自在性

　自在性とは、ボールの投げる方向を自在にできるということです。

　図2-6、図2-7、図2-8は、前述した「⑴　掴む」の「ウ　多角」（図2-2）について、掴んで投げるまでを真上からの図で説明したものです。1から7の流れでボールとラケットの軌道を表しています。

　各図の1から2までがボールを掴む前の動作ですが、どれもボールと手のひらが直線上になっています。つまり100％ボールを掴める状態になっているということです。

　次に、3でボールを掴んでいます。掴んでいる状態は全てフラット面なのです。このフラット面でボールを掴むということを意識してください。手のひらでも手の甲でも同様です。そして4から6へとボールを離さず素手（ラケット）に持っています。

　そして、同時に投げたい方向へ手が向いています。手はボールが離れてもボールの方向を向き続けます。この動作や意識がとても重要になります。従来からの打法と異なる重要なポイントの一つです。

　また、もうおわかりでしょうが、手はラケットです。

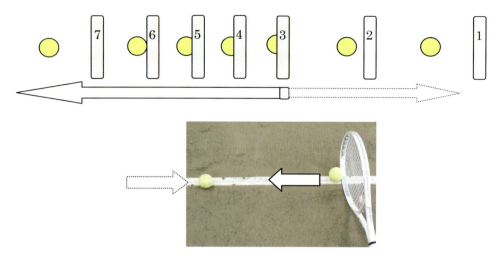

相手からボールがきた方向（点線矢印）　ボールを打つ方向（実線矢印）

真っ直ぐに打つ（※真上からの図です）。３でボールを掴んでいます。

　ボールがきた方向に打ち返しています。ラケットを４から６の動作で真っ直ぐに「ボールの方向性」(注) と「ボールの落下」を発生させています。

　※注　ボールの方向性とは、左右、緩急、長短、高低、縦横などボールを自在に操ることができるということです。

図2-6

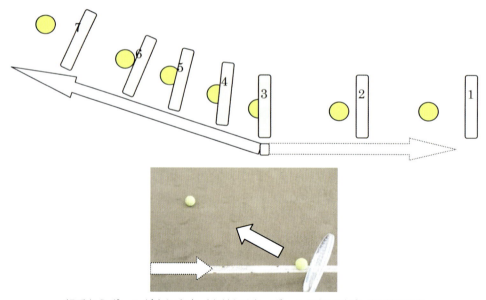

相手からボールがきた方向（点線矢印）　ボールの打つ方向（実線矢印）

右側に打つ（※真上からの図です）。３でボールを掴んでいます。

　直線にきたボールを右側に打っています。ラケット面はフラット面のままです。

　ラケットを４から６の動作で右側に向ける「ボールの方向性」と「ボールの落下」を発生させています。

図2-7

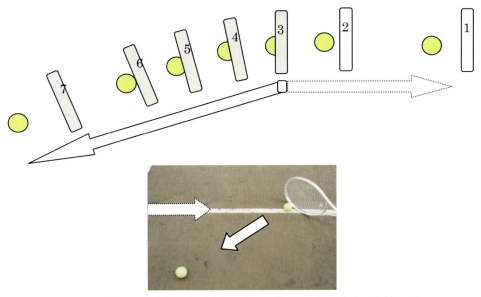

相手からボールがきた方向（点線矢印）　ボールの打つ方向（実線矢印）

　左側に打つ（※真上からの図です）。3でボールを掴んでいます。

　直線にきたボールを左側に打っています。ラケット面はフラット面のままです。

　ラケットを4から6の動作で左側に向ける「ボールの方向性」と「ボールの落下」を発生させています。

図2-8

3　掴むと投げるの連結動作

⑴　技法の最重要ポイント

「掴む」と「投げる」を一連の動作で行うためには、連結させる動作が必要です。

　この連結動作は、肘を先行させる動作と手首を先行させる動作です。この二つの動作が「掴み投げ技法」の最重要ポイントです。

　この二つの動作を連結させた「掴み投げ技法」を用いることにより、ボールとラケットを使用するスポーツ、つまりテニス&ソフトテニス競技において、従来からの打法と全く異なる新しい打法が誕生したのです。

⑵　肘の先行

　図2-9を見てください。女の子が手よりも肘を前に出しています。肘を先行することで、ボールをどの方向からも掴めて、どの方向へも投げられる動作になっています。肘が身体よりも前、すなわち先行している動作になります。肘を先行させる動作は正確性の動作です。もう一つ重要なことは、時間差でボールを打つことができる動作になります。

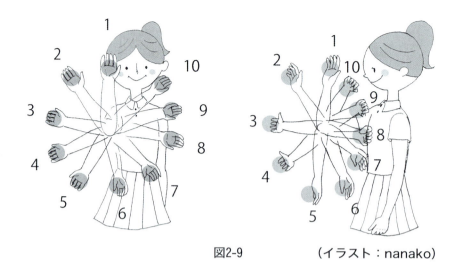

図2-9　　　　　　（イラスト：nanako）

⑶　手首の先行

　手首を先行させる動作は自在性の動作です。また、ボールの投げる方向を自在にできる動作です。「⑵　投げる」の「イ　自在性」の図2-6、図2-7、図2-8の4から6にかけての方向性は、手首の先行の動作によるものです。

──【「掴むと投げるの連結動作」を理解する】──

写真2-3

　写真2-3を見てください。素手でボールを掴み投げています。写真の女の子は、投げられるように掴むことができている全ての要素を具えています。また、この習得には写真2-4のように、両手でボールを掴み投げる練習が最適です。両手打ちは後述しますが、掴み投げ技法や全身運動、身体のバランスそして心身の発達に必要なものです。

写真2-4　　　　　　　　JSTC盛岡：活動風景

　図2-10はボールを投げる瞬間です。そして、ボールを掴んでいる手を開く瞬間です。手のひらは投げたい方向にフラットになります。徐々に手のひらを開くことによって、ボールは手のひらに沿って回転します。つまり、手のひらで順回転が発生しているのです。その回転と同時に全身運動でボールを押しだすと、思いどおりのドライブが得られるのです。これをテニス＆ソフトテニス打法に適応させました。掴み投げ技法をベースにしてスローイングフラットドライブ打法を開発しました。ラケットを握っていてもこのように素手感覚でボールが打てる画期的な打法です。素手感覚、つまり人間工学的である打ち方なのです。

🟢 **フォアハンド**

🟢 **バックハンド**

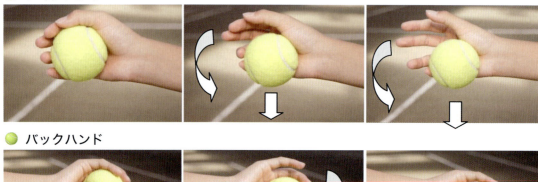

図2-10

サイコロジー・テクニックⅠ　発達段階における課題を理解する

　兎角、スポーツの指導者はスポーツのテクニックや試合方法に重点を置くようです。また、指導者の型に全員を嵌めようと必死のようです。が、児童期（6〜12歳）の児童や青年期（12〜18歳）の青年を指導する場合は、それだけでは中途半端な指導になるのです。中途半端とはどういうことかということですが、その答えは誰のための指導なのかということです。子どものための指導であるなら、その子どもの発達段階におけるその子の課題を理解したうえでの指導でなければなりません。また、その課題は子どもたちなりに千差万別なのです。千差万別の発達課題を理解したうえでの指導が必要です。

━【本能行動を顕在化させる　1】━

　咄嗟にきたボールを打つ練習です。バドミントン用シャトルコック（羽根）を使います。羽根をボールに見立てて打ちます。突然自分にくるボールは予測不可能です。まずラケットをこう構えて、この足から出してというような型打法ではとても返すことはできません。また、ラケットが目の前にあったらボールは見えません。当然ながら、試合ではこのようなボールばかり相手からくるのです。

　また、この練習はフラットでボールを打つ練習にもなります。従来のようなラケットを被せたり、擦ったりする打ち方では、シャトルコックは打てません。つまり、スローインフラットドライブ打法はできません。しっかりと習得してください。

　シャトルコックで慣れてきたら、テニスボールやソフトテニスボールで打ちます。必ず、シャトルコックで打ったようにボールを打つことが、本能行動を顕在化させます。また、フラットで打つことが容易になります。

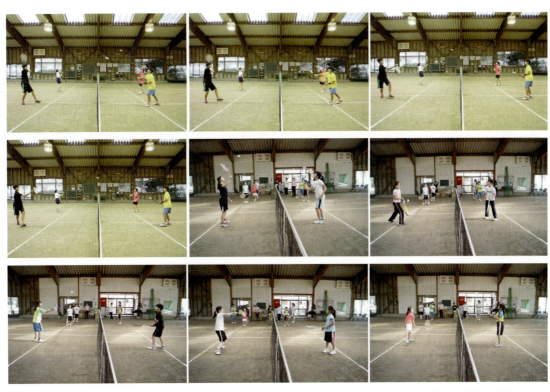

JSTC盛岡：活動風景

　次に、ボールを使った練習です。ラケットで打ったボールを素手で掴んでいます。ボールのスピードに慣れることはもちろんですが、自分が本能的にボールを掴めるのかが如実に具現化します。「私ってこう動くんだ。できるんだ」がわかります。自分の動き方がわかります。教えられた型ではない、自分なりのボールの掴み方が理解できます。自分なりに理解できることが上達の秘訣です。

JSTC 盛岡：活動風景

サイコロジー・テクニック II　本能行動を使う

　「本能行動」、聞き慣れない言葉です。人間が学習や思考によらず、外部の刺激に対して引き起こされる行動や反射を意味します。

　テニスとどう関係があるのかと思われがちですが、掴み投げ（キャッチ＆スローイング）技法は、この本能行動を可能にしたのです。つまり、ボールを学習や思考によらないで掴んで投げることに言い換えると、無意識に掴んで投げるようにボールを打てるということです。咄嗟に自分の身に何かが起きた時の本能的行動をテニスやソフトテニスに取り入れたのです。テニスやソフトテニス競技はボールのスピードや咄嗟にくる、変化するなどに対応できなければなりません。これに対応できる技法ができたのです。

☑ 掴み投げ（キャッチ＆スローイング）技法のイメージ図

● フォアハンド側

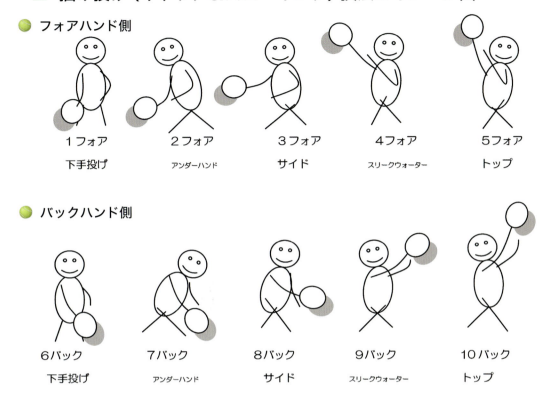

1 フォア	2 フォア	3 フォア	4 フォア	5 フォア
下手投げ	アンダーハンド	サイド	スリークウォーター	トップ

● バックハンド側

6 バック	7 バック	8 バック	9 バック	10 バック
下手投げ	アンダーハンド	サイド	スリークウォーター	トップ

● 全面利き手打法

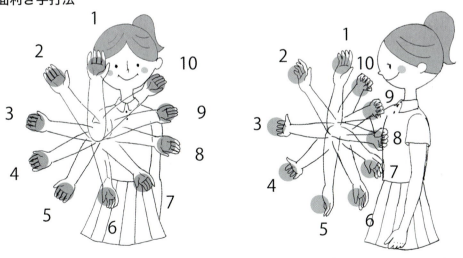

（イラスト：nanako）

　全面利き手打法という聞きなれない用語だと思います。身体のどこにボールがきても利き手で打てるというイメージ図です。図を見てもおわかりのように、全面とは360度どこにボールがきても利き手で打てるのです。掴み投げ（キャッチ＆スローイング）技法は、ボールが身体のどこにきても利き手で打つことを可能にする無限の技法です。

JSTC 盛岡：活動風景

第3章

フォアハンドストローク

....

1　肘を先行させる

画期的な動作です。従来のテニスやソフトテニスの打ち方と最も相違する点です。
この動作ができればキャッチ＆スローイング技法を理解できます。

━ 【肘を先行させる】 ━━━━━━━━━━━━━━━━━━━━━━━━━━━━━━━━

　肘を身体よりも前に出す練習です。肘を先行させることが従来の打法と基本的に最も相違する点です。また、ボールをフラットな面で打っても順回転（ドライブ）する要素はここにあります。つまり、ボールを被せたり、擦ったりしなくてもボールは順回転するのです。そして、今までデッドゾーンだったところにも正確に鋭く打つことができるのです。

　また、パフォーマンスが自在になります。ラケットのヘッドを遅らせて打てることにより、相手にボールの打つ方向を悟られない打ち方ができるのです。つまり、ボールの打ちたい方向を見なくても、ボールが打てるということになります。また、ボールをツーバウンドするまでに打てるという時間差を使った打ち方ができます。つまり、前衛のポーチに対応できるものです。

　図3-1は、肘を出す練習のために、ゴムチューブを使っています。

図3-1　　　　　　　　　　　　　JSTC盛岡：活動風景

　図3-2は、従来からのラケットを被せてボールを打つイメージ図です。

　ラケットのヘッドが身体よりも前に出ています。このような打ち方は、ボールの方向を相手にさらけ出すものです。また、身体よりも腕っぷしの力で打つ打ち方です。また、身体を使うために身体を回転させなければならないというとても難しい打法です。これでは、力のないキッズやジュニア、そして初心者などは簡単に打つことはできません。

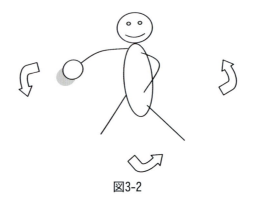

図3-2

2　利き手でない手を先行する

　利き手でない手でボールを掴む動作をします。手のひらをボールに向けます。この動作が試合でとても重要な役目を担います。

　ボールを掴む動作は、肘を曲げ、親指を内転させて指先を下げます。そして、手のひら側の手首を指先よりボール側に出します。

3 グリップエンドを先行する

　グリップの先端をボールに向けて突き出します。このようにグリップの先端を突き出す握り方があります。キャッチ＆スローイング技法に基づく握り方でグリップエンドを先行しましょう。

4　ヘッドが遅れる

　ボールを打つ前の動作です。ラケットのヘッドが遅れて振り出していきます。

　ヘッドを遅らせることにより、下半身の使い方やキャッチ＆スローイング技法を身に付けることができます。

　フォアハンドでのヘッドを遅らせる運動は、肘を前に出すことが必須ですので、肘を出す練習と合わせて繰り返し練習してください。

━━ 【ヘッドが遅れる】 ━━

　ヘッドが遅れて、フラット面でボールを打つ練習です。ネットの壁にラケットを当てないようにスイングする練習です。従来のようなラケットのヘッドを出して打つ打ち方では、スローインフラットドライブ打法はできません。しっかりと習得してください。

JSTC盛岡：活動風景

5　フラット面で打つ

　ラケット面をフラットにします。ボールを掴むようにラケットをフラットに出します。
　フラット面でボールを送ります。ヘッドを下げて打ちます。グリップエンドを先行して打ちます。フラットな面は、テイクバックからインパクト後、そして振り切った後まで全てフラットな面です。まず、サンライズ打法（アンダーストローク）から始めます。

　まず、アンダーストロークから始めよう！

【フラットな面でボール出し】

フラット面で打てているかどうかは、ボール出しで確認できます。また、フラットな面で
ボール出しができれば、スローイングフラットドライブストロークが理解できます。

【フラットな面で打つ 2】

JSTC盛岡：活動風景

6 ラケットを巻く

ラケットを首に巻く動作です。首に巻く順序は腕の付け根から二の腕、肘、手首、指、ラケットのグリップエンド、面、ヘッドの順です。すなわち、鞭がからまるときと同様の動作です。

━━【ラケットを巻く！】━━

🟢 ラケットを巻く

　写真3-1は、縄跳びのひもをポールに巻きつけているものです。じっくりと見てくださ
い。前述のどのようにラケットを首に巻くかの答えがあります。また、巻いていくと次第に
ひものスピードが増していくのです。

写真3-1

7　動いて打つ

　テニスは動きのスポーツです。ボールは止まってくれません。全身の運動からボールを打ちましょう。キャッチ＆スローイング技法を習得すると全身運動からボールを打てるようになります。また、動いてボールを打てるようになります。

━【動いて打つ！】━

　普段いつも当たり前のように歩いているような、あるいは走っているようなフットワークでいいのです。特別なものはありません。キャッチ＆スローイング技法を取り入れたフットワークを活かしましょう。

8　全体のイメージ

── No. 1　【アンダーフォアハンドストローク】 ─────

━ No.2　【サイドフォアハンドストローク】 ━

━【両手打ちは全ての要素が入っている】━

　以上、重要な要素ごとにフォアハンドを解説しましたが、それぞれに必要な要素を全て含む練習が写真3-2です。肘を先行させる、利き手でない手を先行する、グリップエンドを先行する、ヘッドが遅れる、フラット面で打つ、ラケットを巻く、動いて打つ。写真の女の子は全ての要素を具えてボールを打っています。

写真3-2

右利きプレーヤーのラケットグリップの握り方は、右手が上になります。左手は右手と同じ方向から握るようにして下に握ります。

━【両手打ちでのグリップの握り方】━

1　　　　　　　　　2　　　　　　　　　3

写真3-3

　写真3-3を見てください。1番、2番、3番とも両手で壁を押しています。よく見ると1番と2番、3番が少し違うようです。お解りでしょうか？　両手であっても2番、3番の片方は手の甲で壁を押しています。手の甲で力が入るのでしょうか。両手で物を押す力は、1番のように、両方の手のひらが物を押す方向にあれば良いことがお解りになると思います。ここに両手打ちでのラケットグリップの握り方があります。

　前述のように、両方の手のひらが物を押す方向にあれば良い握り方は、写真3-4のとおりです。両手の手のひらをボールの打つ方向からグリップを握ります。このように握ることで、全身の力をグリップを握っている手のひらに伝えることができるのです。

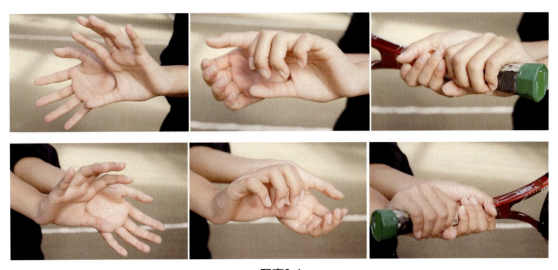

写真3-4

☑ スローイングフラットドライブ打法によるバック側利き手ストローク

「バック側利き手ストローク」、聞いたことがない用語だと思います。テニスでは利き手ではない方で打つことをバックハンドストロークというそうですが、これから説明するバックハンド側にきたボールを打つ打法は利き手で打つ打法です。利き手で打つ打法なので「バック側の利き手ストローク」、すなわちバック側利き手ストロークと説明します。ソフトテニス競技では、バックハンドストロークです。

つまり、どちらの競技においても、バックハンドストロークはフォアハンドストロークと同様であるということです。写真3-5を見てください。

写真3-5

写真のHarunaさんは右利きです。右の写真はフォアハンドストロークです。左の写真はバック側のボールを利き手の右手でそれもシングルハンドで打っています。

掴み投げ（キャッチ＆スローイング）技法の成せる打法です。

どうしてこのように打てるのかですが、写真3-6の打法イメージを見てください。バックハンド側にきたボールを利き手で打つ打法になっています。それもどの位置のボールに対しても利き手で打つことができます。これがスローイングフラットドライブ打法の特性です。

写真3-6

　利き手で打つのですから、片手で、正確に強く打つことができます。

　なお、この打法はノーバウンドはもちろんハーフやロー、そしてライジングでも打てるのです。テニス競技では、バックハンド側の打法は今まで利き手でない両手打法やイースタングリップ打法だけでしたが、利き手で打つことができる画期的な打法です。もちろん、グリップの握りはセミ・ウェスタングリップです。また、グリップの握り方はフォアハンドストロークと同様です。

　また、ソフトテニス競技のバックハンドストロークは通常ボールを被せて順回転をさせる打ち方ですが、この打ち方ではバックハンドは大変難しいものです。指導する方もバックハンドは教えられないと公言する方もおります。スローイングフラットドライブ打法は、これを解決してくれる画期的な打法になります。

● 【バックハンド側】　打法のイメージ

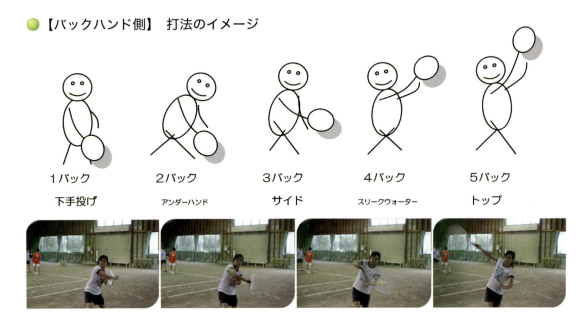

1バック	2バック	3バック	4バック	5バック
下手投げ	アンダーハンド	サイド	スリークウォーター	トップ

● ここがポイント

1分間見つめてください

　バック側を利き手で打つためには、ボールを打つ前の動作が重要です。すなわち、全身で打つことができる前動作をつくっておく必要があります。

　それが左の写真です。1分間見つめてください。

　これから説明する全てのものが含まれています。「利き手でない手の先行」、「前の腰」、「利き肩」、「利き肘」、「グリップエンド」、「ヘッドの遅れ」、「前足の壁」、「両手の使い」、「重心移動」。

第4章

バックハンドストローク

1　利き手でない手を先行する

フォアハンドと同様に、利き手でない方の手でボールを掴む動作をします。
フォアハンド以上に大切な動作です。手のひらでボールを掴むイメージです。

Haruna さんの左手がボールを掴もうとしています。この動作が大切です。

2　前の腰を入れる

　　バックハンドストロークは、全身運動で打つことが重要です。全身運動は下半身の使い方ができなければなりません。バックハンドは、重い荷物を下から上へ押し上げるイメージでボールを打つことが重要です。そのためには、全身を使えるように前の腰をボール方向に入れるようにします。

【前の腰を入れる】

サイコロジー・テクニックⅢ　**自分を知る**

　ジュニアの皆さんへ。今自分は何一つ完成していない存在なのかもしれません。いつも比較される対象として生きているかもしれません。自分は何ができるんだろうとか、自分は何でできないんだろうと考えているかもしれません。でも、今のあなたたちは、こう思い考える発達段階なのです。でも、本当に何もできないのでしょうか？　あなただからできることがありませんか？　私はあると思っていますし、皆さんはできるものをもっています。それは自分自身です。自分自身をよく知っているのは誰でしょうか？　あなた自身です。あなた自身の生身の身体です。生身の身体を動かしているのはあなた自身です。生身の身体でボールを掴み投げることこそがテニスです。今、これができるのはあなたたちだけなのです！

3　利き肩を入れる

　この動作もバックハンドを打つための重要なポイントです。フォアハンドよりも利き肩を入れるようにしましょう。

4　肘を先行する

フォア側同様、肘を先行するのは画期的な動作です。
従来のテニスやソフトテニスの打ち方と最も相違する重要な動作です。
これができればシングルハンドストロークが容易になります。

5　グリップエンドを先行する

グリップの先端をボールに向けて突き出します。
肘を先行すると同様に最も重要な動作です。

6　ヘッドが遅れる

　ボールを打つ前の動作です。ラケットのヘッドを遅らせて振り出していきます。

　ヘッドを遅らせることにより、下半身の使い方や掴み投げ（キャッチ＆スローイング）技法を身に付けることができます。バックハンドはヘッドを遅らせることが容易なので集中して練習しましょう。

　Haruna さんは腰より上の高い位置にあるボールをヘッドを遅らせて打っています。このように打てることが、掴み投げ（キャッチ＆スローイング）技法でのシングルハンドで成せる打法です。

7　前足の壁をつくる

　シングルハンドで打つためには、上半身のみでは打てません。

　下半身の安定した土台があってこそ、シングルハンドで打てるのです。また、下半身の力を利用しなければシングルハンドでは打てません。重い荷物を下から上へ押すイメージです。その力を使って下半身の重心移動をスムーズにするために、前足の壁が必要不可欠です。

　前足の壁は、クローズドスタンスで踵_{かかと}から着地して後ろ足から前足へ重心移動を行いながら、全身でボールを掴むイメージでつくります。

8　両手の送り

　みなさん、下の Haruna さんの写真を見て下さい。両手でボールを打っているように見えませんか？　シングルハンドで打っているのですが、このように両手で打っている意識と動作があればボールをシングルハンドで打つことができます。シングルハンドで、かつフラット面で打つための、とても重要な意識と動作です。

　両手の送りの練習です。両手でラケットグリップを握っています。下の写真の子は左利き
です。利き手を上にして両手でフォアハンドもバックハンドも打ちます。利き手を上にして
握ることが重要です。利き手ではない手は利き手の方向から握ります。両手でのボールの送
りの練習は、シングルハンドでボールをフラット面で打つための習得方法です。また、掴み
投げ（キャッチ＆スローイング）技法やスローイングフラットドライブ打法を習得するため
には、とても重要な役目をもっています。

サイコロジー・テクニックⅣ　　発達の意欲値＆自分の伸びしろ値

　子どもたちの気持ちを、継続して活き活きと輝かせているのは一体何でしょう
か。昨日できなかったことを今日積極的に自分で取り組んで、自分自身で何かでき
るような気がするという気持ちを持ち続けています。つまり、今できることだけで
はなく、第三者からの支援を受けなくても自分でできるという、シグナルやサイン
を出しているのです。この気持ちを持ち続けることから結果的に自分自身でできる
ようになるのです。そして、自分でできたときの喜び、笑顔、自信につながる意欲
をみたのです。このような、子どもの発達の閾値は、大人がそう簡単に測れるも
のではありません。また、閾値は潜在的なものであり、この計り知れない子どもの
閾値を顕在化する研究を続けています。

9　重心移動

「7　前足の壁をつくる」でも説明しましたが、下半身の力がなければシングルハンドでは打てません。下半身の力を充分に出すためには、後ろ足から前足への重心移動が重要になります。

　下半身の重心移動が可能になることから、シングルハンドで打てるのです。

10　全体のイメージ

「利き手でない手を先行する」から「重心運動」までの全体のイメージ写真です。

━【アンダーバックハンドストローク】

【サイドバックハンドストローク】

― 【トップバックハンドストローク】 ―

━━【両手打ちは全ての要素が入っている】━━

　以上、重要な要素ごとにバックハンドを解説しましたが、フォアハンドと同様にそれぞれに必要な要素を全て含む練習が下の写真です。利き手でない手を先行する。前の腰を入れる。利き肩を入れる。肘を先行させる。グリップエンドを先行する。ヘッドが遅れる。前足の壁をつくる。両手の送り。重心移動。バックハンドは利き手のシングルハンドとなることからとても重要な練習です。写真の女の子は全ての要素を具えてボールを打っています。

JSTC 盛岡：活動風景

─【小学生のためのバックハンドストローク】　No. 1 ─

＊ JSTC 盛岡の過去の活動風景から。

【小学生のためのバックハンドストローク】 No. 2

【小学生のためのバックハンドストローク】　No.4

【小学生のためのバックハンドストローク】　No.5

【小学生のためのバックハンドストローク】 No.6

１分間見つめてください。

第 5 章

サービス

サービスも掴み投げ（キャッチ＆スローイング）技法を用いて行います。写真5-1を見てください。まず、トスされたボールを掴みます。ボールの掴み方は、右利きの方は手のひらでボールの右上を掴みます（左利きの方は手のひらで左上を掴みます）。

写真5-1

イースタングリップでサービスをしていることと同じではないかと思われがちですし、また、ボールを打つ箇所は同じように見えるかもしれません。が、ここで注意しなければならないことは、新打法はあくまでもボールを手のひらで掴んで投げる技法により、ラケットをセミ・ウェスタングリップで打つことなのです。つまり、ラケットを握ってサービスをしているということではなく、自分自身の生身の身体でボールを掴み投げているというイメージでサービスを行うことなのです。サービスの詳細については、別の機会に発表したいと思います。

サービス：著者

第6章

打法理論

フラット面による順回転のメカニズム
〜 ボールをストリングスで進行方向に回転させる方法 〜
By: Yoichi Yoshida, Japan

1　目的

　この研究の目的は、空中に放たれたボールを、フラット面（地面に対して垂直な面）のストリングスで受け留めて押し出すことにより、そのボールが進行方向へ回転（以下、順回転という）しながら進むことのメカニズムの研究である。

　従来、テニス競技又はソフトテニス競技では、ボールを進行方向に回転を与えるための方法として、ボールを擦る打ち方がある。この打ち方でボールに順回転を与えた場合、面はボールに対してフラットではなく傾斜する状態になる（図1）。この打ち方ではボールを安定して正確に進行方向に進めないなどの難しさがある。

　以上のことから、ボールをフラット面で受け留めて押し出す（図2）と、ボールが順回転するのか、そのメカニズムを研究する。

図1　　　　　　　　　　　図2

2　方法

　まず、ボールとフラット面の関係を理解するために、投げられたいろいろなボールを手のひらをフラットにして受け留めて、押し出す実験をした。

　最初にバスケットボールで実験をした。手のひらをフラットにして（イメージ画像2-1、3-1、4-1）、ボールを受け留め（イメージ画像2-2、3-2、4-2）、ボールを押し出した（イメージ画像2-3、3-3、4-3）。

イメージ画像 2-1　　　　　　2-2　　　　　　　　　　2-3

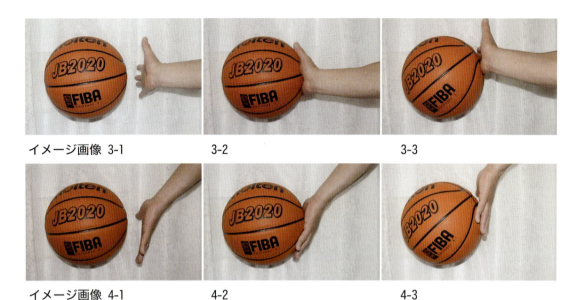

イメージ画像 3-1　　　　　　　3-2　　　　　　　　　　3-3

イメージ画像 4-1　　　　　　　4-2　　　　　　　　　　4-3

以上から次のことが解った。
⑴　ボールをフラットで受け留めるために、手のひらを球体形にかえて掴んだ。
⑵　ボールを押し出すために、手のひらを球体形からボールを受け留める前のフラットにした。これは掴んだボールを投げるときに、手のひらを開く動作と同様であった。
⑶　フラットにするとボールは、手のひらを下へと伝いながら回転した。
⑷　手のひらで回転したボールを押し出すと、ボールは順回転しながら飛んだ。

　次に、ビーチバレーボールと手のひらで実験をした。手のひらをフラットにして（イメージ画像5-1、6-1、7-1）、ボールを受け留め（イメージ画像5-2、6-2、7-2）、ボールを押し出した（イメージ画像5-3、6-3、7-3）。

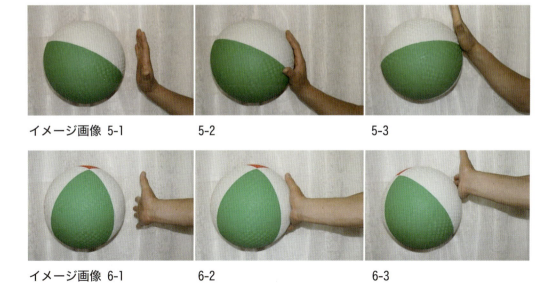

イメージ画像 5-1　　　　　　　5-2　　　　　　　　　　5-3

イメージ画像 6-1　　　　　　　6-2　　　　　　　　　　6-3

イメージ画像 7-1　　　　　　7-2　　　　　　　　　　7-3

以上から次のことが解った。
⑴　ボールをフラットで受け留めるために、手のひらを球体形にかえて掴んだ。
⑵　ボールを押し出すために、手のひらを球体形からボールを受け留める前のフラットにした。これはボールを投げる動作と同様であった。
⑶　フラットにするとボールは、手のひらを下へと伝いながら回転した。
⑷　手のひらで回転したボールを押し出すと、ボールは順回転しながら飛んだ。

　この手のひらとボールの関係から、バスケットボールとゴムバンドを交差させて四角枠に張ったものをストリングスに見立てて実験をした（イメージ画像8-1）。投げたボールは四角枠のストリングスで受け留められ（イメージ画像8-2、9-1）、そのボールを押し出した（イメージ画像8-3、9-2）。

イメージ画像 8-1　　　　　　8-2　　　　　　　　　　8-3

イメージ画像 9-1　　　　　　9-2

以上から次のことが解った。
⑴　ゴムのストリングスは、たわみながらボールを受け留めた。
⑵　受け留めたゴムのストリングスは復原力により元に戻った。
⑶　ボールはゴムのストリングスが戻るとストリングスを下へと伝いながら回転した。
⑷　回転したボールは順回転しながら飛んだ。

　次に、前述までで理解できた方法により、テニスラケットでテニスボールを打って実験した。

画像10-1　　　　　　　　　　　画像10-2　　　　　　　　　　　画像10-3

画像10-4　　　　　　　　　　　画像10-5　　　　　　　　　　　画像10-6

　画像10-1はボールをフラットで打つ瞬間である。画像10-2はボールをフラットで打った瞬間である。あまり鮮明ではないが、ラケットがフラットな面を保持させながらスイングしてボールを打っている。また、画像10-2から10-4までボールの軌跡が掲載されているが、そのボールの軌跡は順回転である。この打法であれば、プレーヤーは全身の運動でボールを打っていることがわかる。

3　結果
　2の方法から、次の結果が得られた。
⑴　フラット面ではボールを受け留めることができた（イメージ画像2-2、3-2、4-2、5-2、6-2、7-2、8-1、図4）。
⑵　フラット面で受け留めたストリングスの弧は、手のひらと同様であった。すなわち、ストリングスの弧はたわみの力であった（イメージ画像2-2、3-2、4-2、5-2、6-2、7-2、8-1、図4）。
⑶　ストリングスの復原力（8-3）により、ボールはストリングスを下へ伝いながら回転した（イメージ画像2-3、3-3、4-3、5-3、6-3、7-3、8-2、9-1、9-2、図5）。
⑷　回転はストリングスを下へ伝うものであった（イメージ画像2-3、3-3、4-3、5-3、6-3、7-3、8-2、9-1、9-2、図5）。
⑸　下へとストリングスを伝いながら回転するボールに、押し出す力を加えると、ボールは順回転しながら飛んだ（図6、7、8）。

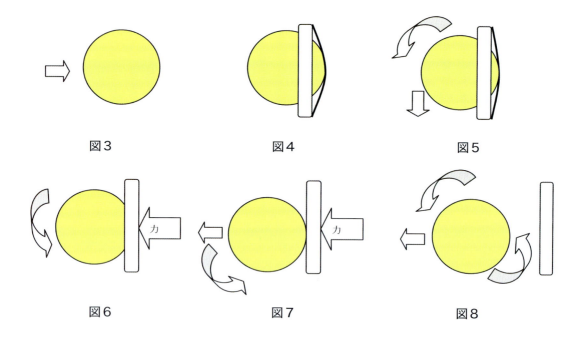

図3　　　　　　　　図4　　　　　　　　図5

図6　　　　　　　　図7　　　　　　　　図8

4　考察

　3の結果から、テニスラケットやストリングスにおいても、次の条件を満たすとボールはフラットな面で打っても順回転することがわかった。

⑴　手のひらのようにラケットやストリングスにボールを受け留める力が必要であること。ボールを受け留める力とは、手のひらのようにボールを掴んでいる時間を保つということである。すなわち、ラケットやストリングスでは、ボールを保持する時間を保つためのフラットな面とたわませる力である。

⑵　ボールを受け留める形は弧の力であること。
　ボールである球体を受け留めるためには、球体と外形が同様の弧が必要である。
　つまり、弧として受け留めるためには、手のひらのようにフラットな面であり、かつ球体形に吸収することである。
　すなわち、ラケットやストリングスではボールを弧形する力である。

⑶　ボールを受け留めて、順回転をつくるためには、ラケット面はフラットであること。
　ボールを受け留めるための面は、フラットな面が最良である。受け留めた弧を復原することで、ボールは弧を下へと伝いながら回転する。この回転を最良に効果的につくり出すことと進行方向へ送り出すためのラケットはフラットな面である。

⑷　ボールを受け留める弧には復原力や反発力が必要であること。
　つまり、ボールの球体形に吸収した手のひらを元に戻すためとボールを投げるために全身を使うことである。すなわち、ラケットやストリングスでは受け留めたボールを復原させる力と進行方向へ反発させる力である。

5　結論

　以上から、フラット面による順回転のメカニズムを、「2　方法」では、まず、手のひらを

フラットにしてボールを受け留め、押し出すことから考察した。手のひらを球体形に合わせる弧の形でボールを掴むこと、そして、ボールを押し出すことはボールを全身で投げる動作であることであった。ボールを押し出すと手のひらはフラットに戻り、ボールが手のひらを下へと伝いながら回転した。この回転するボールを押し出すとボールは順回転しながら飛んだ。

　この手のひらとボールのメカニズムをゴムのストリングスとボールで実験した結果、ボールをたわませる力や弧形する力及び元に戻ろうとする復原力を備えているものであれば、フラット面で順回転することを示した。また、テニスボールやソフトテニスボール以外のボールにおいても同様の結果となった。

　すなわち、前述の人的動作をテニスラケットやストリングスに適用させて、フラット面で打つことにより、ボールは順回転することを実証した。

■参考文献
1　吉田洋一（1997）「ストローク（打ち方）の基本のお話①」『ソフトテニス・マガジン』Vol. 18（1997年11月号）pp. 38-39　ベースボール・マガジン社
2　吉田洋一（1997）「ストローク（打ち方）の基本のお話②」『ソフトテニス・マガジン』Vol. 19（1997年12月号）pp. 38-39　ベースボール・マガジン社
3　吉田洋一（1998）「ストローク（打ち方）の基本のお話③」『ソフトテニス・マガジン』Vol. 20（1998年1月号）pp. 38-39　ベースボール・マガジン社
4　吉田洋一（2000）「JSTC」〈http://www7b.biglobe.ne.jp/~jstc/〉

フラット面による順回転の人的動作
〜 ボールをラケットで進行方向に回転させるための方法 〜

By: Yoichi Yoshida, Japan

1　目的

　この研究の目的は、「フラット面による順回転のメカニズム理論」（以下、「順回転理論」という）に基づく、テニス及びソフトテニス打法における順回転の人的動作の研究である。「順回転理論」により、ストリングスがフラット面においても、ボールは進行方向に回転をしながら進むことが示された。

　同理論によれば、フラット面による順回転のメカニズムの要点は、手のひらを球体形に合わせる弧の形でボールを掴むこと、そして、ボールを押し出すことはボールを投げる動作であること、そして、全身運動で打つことである。すなわち、全身で、手のひらを球体形に合わせる弧の形でボールを掴む動作、そして、ボールを押し出すためにボールを投げる動作である。この動作は人間の動体力学であり、これをラケットとボールを使用するテニス及びソフトテニス競技の順回転打法に適応するための人的動作について研究する。

2　方法

　ラケットでボールを打つことについて、人的動作であるボールを「掴む」と「投げる」動作から実験した。

⑴　掴む

　「順回転理論」によるボールの順回転のメカニズムは、手のひらを球体形に合わせる弧の形でボールを掴む動作であるが、これを理解するために、ボールをフラット面で掴む実験をした。

　まず、素手でボールを掴む実験をした（イメージ画像１、２）。

　次に、手のひらをラケットに替えて、ボールを掴む実験をした（イメージ画像３、４）。

イメージ画像　1　　　　　　　2

イメージ画像　3　　　　　　　4

⑵　投げる

　次に、「順回転理論」によるボールの順回転のメカニズムにおいて、ボールを押し出すことはボールを投げる動作であるが、これを理解するために、ボールをフラット面で投げる実験をした。

　まず、素手でボールを投げる実験をした（イメージ画像5、6）。次に、ラケットでボールを投げる実験をした（イメージ画像7、8）。

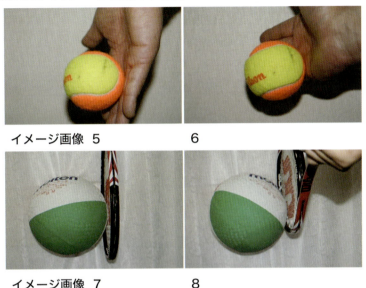

イメージ画像　5　　　　　6

イメージ画像　7　　　　　8

3　結果

　ボールをフラットに掴むためには、ボールの軌道に手のひらを合わせることが必要であった。ボールは手のひらに包むように、手のひらを窪ませながら掴む。また、ボールを掴んでから、次にボールを投げるまでの連結動作は、手首を手の甲側に曲げてボールを掴むことが必要であった。

　ラケットでボールを掴むためには、手のひらと同様に、ボールの軌道にラケット面を合わせることが必要であり、また、ラケットでボールを掴むとは、ボールとラケットが接着しているということであった。ボールの接着を持続させるためには、ラケットのヘッドをグリップよりも遅く出すことが必要であった。

　次に、素手でボールを投げるためには、まず手のひらよりも肘を先に出すことが必要であり、そして、手首を手の甲側に曲げてボールを投げることが必要であった。手のひらに包まれたボールを、手のひらを開きながら投げる、すなわち、手を開くと、ボールは手のひらを下へと伝いながら回転した。この回転したボールを投げると進行方向に回転しながら飛んでいった。なお、ボールを正確に投げるためには、前述の動作と全身を使うことが必要であった。

　ラケットでボールを投げるためには、まずグリップの握り方は、ラケット面と方向が同じになるように握る。また、ラケットよりも肘を先に出す。そして、ボールの保持を持続させ

るために肘を先行させて、手首を手の甲側に曲げることが必要であった。そのためには、ラケットのグリップエンドを突き出すことができるようにグリップを握ることが必要であった。

　次に、ラケットに保持されたボールは、ストリングスを下へ伝いながら回転した。この回転したボールを押し出すように投げると進行方向に回転しながら飛んだ。なお、ボールを正確に投げるためには、前述の動作と全身を使う必要があった。

4　考察

「3　結果」から、テニス及びソフトテニス打法における人的動作を考察した。

(1)　素手でボールを掴むということは、素手を球体形に合わせて掴む動作である。この動作のようにラケットでボールを掴むためには、ラケットをフラットな面でボールを押さえ、ストリングスでボールを吸収して保持し、ボールを押し続ける動作が必要である。

　次に、素手でボールを投げるためには、球体形に合わせた素手を広げて投げる動作をする（図1）。この動作のようにラケットでボールを投げるためには、ラケットのフラット面で押し続けていたボールを目標方向へ放す動作をする。

　この動作を行うことにより、素手でもラケットでもフラットな面を下へ伝いながら回転した。この回転に後ろから力を加えることにより、ボールは進行方向への回転、すなわち順回転しながら目標方向へ飛んだ（図2）。

〈ボールを掴み投げるイメージ〉

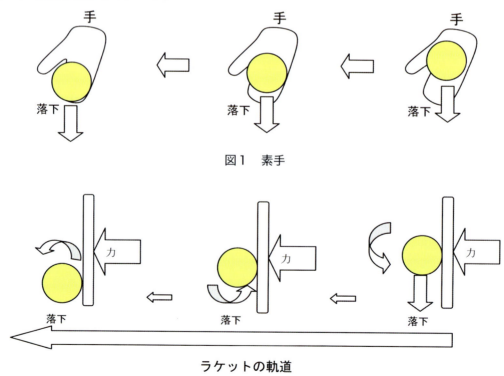

図1　素手

ラケットの軌道

図2　ラケット

(2)　次に、ラケットでボールを目標方向へ打つための動作は、素手でボールを投げる動作
であった。素手で目標方向へ投げるときには、肘を先行させながら、手首を手の甲側
に曲げて、ボールを目標方向へ送るために、素手に角度をつけて投げた。このとき、
素手に角度をつける場合も素手はフラットであった。
　　すなわち、ラケットにおいても前述のように、素手と同様の動作をすると目標方向へ
ボールを打つことができた（図3）。

〈ボールを投げるイメージ〉

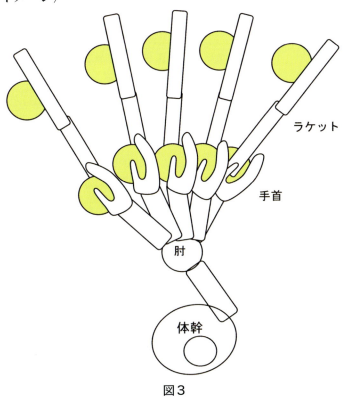

図3

(3)　次に、前述ような動作でボールを順回転させるためには、ラケットグリップの握り方
が重要であった。
　　つまり、肘と手首を先行させて、ラケットをフラット面に角度をつけ、ボールを順回
転させるためのグリップの握り方があるということである。この握り方は図4のとお
りセミ・ウェスタングリップである。
　　セミ・ウェスタングリップは、握っている手を開くとラケット面と同様の向きになる
ことがわかった。
　　また、グリップを、親指と人差し指をリング状にして握ると、肘と手首を先行させ、
ラケットをグリップエンドからヘッドへと振りきることができた。

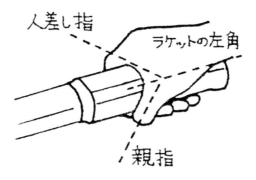

ラケットの握り方

図4　セミ・ウェスタングリップ

(4) 次に、ボールを掴み投げる動作で打つと全身の力を利用できる打ち方ができた。すなわち、この打法は全身運動で、ボールが順回転することがわかった。また、この全身運動では相手のサーブやレシーブのスピードボールを全身で受け止めることができた。これは、現在のようなサービス主流のゲームからレシーブゲームやラリー主流のプレースタイルに変えるものであり、背のあまり高くないプレーヤーやパワープレーヤーではないプレーヤーには、最も適している打ち方であることがわかった。特に、ライジングでのレシーブや、ベースラインの中でもラリーを可能にする打ち方であった。

また、全身の運動で打つことは、今までのような身体の一部だけに負荷がかかる打ち方ではなく、身体に優しい打ち方ができることがわかった。全身の力を利用した打ち方ができれば、身体にハンディーがあるプレーヤーにおいてもテニスがプレーできるものである。また、身体に優しい打ち方は、ジュニアや高齢者には望ましい打ち方である。

(5) 次に、全身運動で、肘と手首を先行させて、ラケットグリップをセミ・ウェスタングリップで握り、フォア側の面でバック側のボールを片手で容易に打つことができた。この打法はプレーヤーのバックハンド側にきたボールをフォアハンドのラケット面で打つ打法であり、これもフォアハンドの力を利用して打つことができる打法であることがわかった。

(6) 次に、全身の運動で打つことは、身体の重心移動を利用してボールを打つことであった。身体の重心移動は、脚の移動であり、フットワークである。すなわち、全身運動のフットワークにより、ボールが順回転する打法であることがわかった。

(7) 特筆すべきは、セミ・ウェスタングリップで握って打つためには、ラケットグリップの形状は、正八角形の形状のグリップが最適であった。全指で安定してホールド感のある握り方ができた。特に、手の小さいプレーヤーには最適な形状である。なお、扁平形状のグリップでは、手の小さいプレーヤーには、安定した握りができず、力が上手く入らない、正確にボールが打てないなどの握る手に違和感があった。一番握りやすいのは円柱形のグリップであるが、ラケットの面は単面なので、グリップが円柱形

では面がずれてしまい、正確にボールを打てないので、ずれないように角があるものでなければならなかった。したがって、最も円柱に近い形状である正八角形の形状のグリップが最適であることがわかった。

ラケットを握るという行為は、有機体である人間と無機質であるラケットの接点であり、人間の意思をラケットに伝達するところでもある。すなわち、ラケットでボールを打つという行為では、グリップを握っている全指に意思を伝達させることのできるグリップの形状が要求されるのである。特に、トッププレーヤーであればあるほど繊細な動作が要求されるのであるから、グリップの形状についてはなおさらである。よって、この打法には正八角形形状グリップのラケットが望ましいと考える。

5　結論

前述のとおり、ボールを掴み投げる動作を基本にして、全身運動により、肘と手首を先行させて、ラケットグリップをセミ・ウェスタングリップで握って、ラケットのフラット面で打つとボールは順回転する。また、ボールの方向性もラケットのフラット面の角つけによるものであった。

この打法では、ボールが順回転するためには、ラケットを素手感覚に操り、ボールを掴んで投げる意識と動作が必要であることがわかった。そのためには、素手感覚に使えるラケットの握り方があり、プレーヤーの意識と動作及び素手感覚をラケットに伝えるためには、正八角形形状のラケットグリップが最適であることがわかった。

また、ボールを掴んで投げられる要素のあるラケットやストリングスが必要であることがわかった。つまり、ボールを一定時間保持して送るためのラケットとストリングスの開発が必要であるということである。

また、フラットな面でボールを打てることにより、サーフェイスは現在のものよりも狭くてもよく、そして現在よりも軽量なラケットでも順回転した。

プレーヤーの意識と動作及び素手感覚は、人間の思考と動作に基づくものである。すなわち、これらの人的動作によって、ラケットがフラット面においてもボールが順回転することを実証した。なお、この打法は人間性による人間工学的打法である。

■参考文献

1　吉田洋一（1997）「ストローク（打ち方）の基本のお話①」『ソフトテニス・マガジン』Vol. 18（1997年11月号）pp. 38-39　ベースボール・マガジン社

2　吉田洋一（1997）「ストローク（打ち方）の基本のお話②」『ソフトテニス・マガジン』Vol. 19（1997年12月号）pp. 38-39　ベースボール・マガジン社

3　吉田洋一（1998）「ストローク（打ち方）の基本のお話③」『ソフトテニス・マガジン』Vol. 20（1998年1月号）pp. 38-39　ベースボール・マガジン社

4　吉田洋一（2000）「JSTC」〈http://www7b.biglobe.ne.jp/~jstc/〉

5　吉田洋一（2013）「フラット面による順回転のメカニズム」〈http://www7b.biglobe.ne.jp/~jstc/〉

あとがきにかえて

その先の打法

　掴み投げ（キャッチ＆スローイング）技法を習得すると素手の感覚でボールを打つことができます。素手感覚で打てるようになると、ボールの上がりっぱな、つまりライジングで打つことが容易になります。また、ラケットグリップを自在に掴んでボールを打てるようになります。次の写真は、ラケットを両手で握って、ボールをライジングで打つ練習です。

JSTC盛岡：活動風景

コラムⅣ　ライジング

　ライジングはその名のとおり、ワンバウンドしたボールの上がりっぱなを打つ打法です。上がりっぱなはとてもスピードを増しているところです。ここを素手感覚でボールを掴み投げられるように打ち返すことができたら、そのままのスピードでリターンエースになります。

　仮に素手感覚のラケットとストリングスが開発されれば、ボールをライジングで打つことが容易になり、コートの中でのストロークが可能になります。つまり、レシーブする範囲を狭くしてボールが打てるのです。現在のサービスが主流のゲームからの変革がおきることでしょう。そうなれば、背のあまり高くない日本人プレーヤーはもとより、諸外国のプレーヤーにおいても、今までサービス偏重なプレーからの脱出が図られることでしょう。ぜひ実現させたいものです。

　次の写真は、素手感覚に基づいたソフトテニス競技でのカットサービスです。グリップを握ったカットサービスではありません。ラケットのフレームを握ってのカットサービスです。この握り方でサービスができれば、ボールが鋭く曲がる、バウンドしない、戻るなどレシーバーを翻弄させるサービスが具現します。

🟢 **左利きのフォアカットサービス**

● 右利きのバックカットサービス

JSTC 盛岡：活動風景

（イラスト：nanako）

奇跡の打法

● 独創の贈り物

打ち方を研究したのは、当然のことながら自分の教え子を上手くしたいためでした。

どうしたら上手くなるのか。

既存の打法をいくらジュニアに教えても上手くはなりませんでした。また、他人を教えるのですから何か教本か参考書がなければなりませんでした。

残念ながらジュニアに適したものはほとんどなく、全てが大人のものでした。

どうしたらいいか自分なりに試行錯誤していました。

ある時、私の若かりし時のプレーをよく知る方から「お前の打ち方は独特だからな」と言われたことがありました。その時はあまり気にしていなかったのですが、後で気がついたことがありました。「そうか。違っていていいんだ！」大きな発見でした。たいへん大きな贈り物と勇気を頂戴した気がしました。自分なりに試行錯誤してよかったんだと。

この贈り物を具現化していくためのクラブを創設し、多数の短篇の創造を繋ぎ合わせながら技法を確立し、主にテニス及びソフトテニス競技のボールとラケットを使用する球技の打法マニュアルを刊行することができました。

● 打法の必然性

この打法は長年のジュニアの指導を通して実現しました。

この打法は長年のボールを扱う球技を体得して実現しました。

この打法は既存の打法を払拭することにより実現しました。

この打法はこうでなければならない打法から、こうであってもいい打法へ変換することで実現しました。

この打法は指導者のためのテニス＆ソフトテニスから、ジュニアのため及びプレーヤーのためのテニス＆ソフトテニスに変換することで実現しました。

この打法はボールを落下させる必然性があります。

この打法はボールを自由自在に操ることができます。

この打法はボールを正確に簡単に易しく打つことができます。

この打法はバック側のボールを利き手のシングルハンドで打つことができます。

この打法はライジングでの打ち方を容易にしてくれます。

この打法は背丈があまり高くないプレーヤーの方でも世界に通用する打法になることを確信しています。

この打法は日本人に適合する必然性があると確信しています。

● 人間性人間工学的打法

この打法はそれぞれのプレーヤーの個性や個体に合った技法に基づいたものです。例えば、発達段階にあるキッズやジュニアの発達課題に適応しています。また、素手の打法や素手の試合方法はラケットを自己身体イメージとして形成し、人間の行動とスポーツを科学し、その意欲は自分の伸びしろ値となりアイデンティティの形成や自己実現へと導いてくれます。

写真のモデル　Ⅰ

泉山温南さん　岩手大学教育学部附属中学校　3年　（テニス所属：JSTC 盛岡）

写真のモデル　Ⅱ

暦本直人さん　岩手大学教育学部附属中学校　3年　（テニス所属：JSTC 盛岡）

HP：http://www7b.biglobe.ne.jp/~jstc/　　　　　　　　撮影協力：JSTC 盛岡の皆さん

吉田 洋一（よしだ よういち）

JSTC　代表
JSTC 盛岡　代表

日本心理学会会員　認定心理士
日本発達心理学会会員
JACOT ブロンズ会員
日本体育協会　上級指導員
防災士

東北福祉大学　福祉心理学科卒

著者と撮影モデルの二人

テニス&ソフトテニス 奇跡の新打法
スローイングフラットドライブ打法

2015年3月7日　初版発行

著　者　吉田洋一
発行者　中田典昭
発行所　東京図書出版
発売元　株式会社 リフレ出版
　　　　〒113-0021　東京都文京区本駒込 3-10-4
　　　　電話 (03)3823-9171　FAX 0120-41-8080
印　刷　株式会社 ブレイン

© Yoichi Yoshida
ISBN978-4-86223-830-6 C2075
Printed in Japan 2015
落丁・乱丁はお取替えいたします。

ご意見、ご感想をお寄せ下さい。

［宛先］〒113-0021　東京都文京区本駒込 3-10-4
　　　　東京図書出版